Dieses Buch gehört

Liebe Eltern,

wir wollen Ihr Kind beim Lesenlernen unterstützen, und zwar mit Geschichten, die Spaß machen.

Unsere Bücher mit dem liebenswerten Leselöwen begleiten Ihr Kind durch die 2. Klasse und enthalten Geschichten zu spannenden Themen mit einfachen Sätzen. Viele bunte Bilder sorgen für Lesepausen und helfen, die Geschichten zu verstehen. Die große, gut lesbare Schrift wurde extra für Leseanfänger*innen entwickelt und ist auch für Legastheniker*innen geeignet. Mit den Aufgaben zum Text kann Ihr Kind selbst prüfen, ob es den Text richtig verstanden hat. Zu den markierten Wörtern warten am Ende des Buches spannende Fakten und in unserem Onlineportal finden Sie viele weitere Extras.

So wird Ihr Kind zum echten Leselöwen!

Ihr
Leselöwe

Jetzt geht es
los!

Eva Hierteis

Pferdeflüsterin mit Herz

Illustriert von Caroline Opheys

Ihre Meinung zählt!

Nehmen Sie jetzt an einer kurzen Elternbefragung
des Loewe Verlags teil und beeinflussen Sie
die zukünftige Entwicklung unserer Kinderbücher:

www.elternbefragung.online

Unser Kinderbuch-Newsletter bietet alle Infos zu Neuerscheinungen
und tollen Veranstaltungen, exklusive Gewinnspiele und vieles mehr!
Jetzt kostenlos abonnieren: *www.loewe-verlag.de*

ISBN 978-3-7432-1173-5
1. Auflage 2022
© 2022 Loewe Verlag GmbH, Bühlstraße 4, D-95463 Bindlach
Umschlag- und Innenillustrationen: Caroline Opheys
Umschlaggestaltung: Michael Dietrich
Vignetten Leselöwe und Sticker: Angelika Stubner
Printed in the EU

www.loewe-verlag.de

Inhalt

Ein geheimnisvolles Pferd

Jella hat schlechte Laune.

Ihre beste Freundin ist im Urlaub.

Und ohne Nele ist alles doof.

Ferien sind doof.

Malen ist doof.

Schwimmen ist doof.

Nicht mal auf Reiten hat sie Lust.

Mama nimmt Jella trotzdem mit
zum Reiterhof. Mama hat nämlich
eine Reitstunde bei Till.
„Bis dann, mein Böckchen",
sagt Mama, zwinkert ihr zu und geht.

„Und jetzt?", fragt Jella sich.

Sie setzt sich auf den Koppelzaun
und schmollt.

Aber Schmollen ist ganz schön öde,
wenn einem keiner dabei zuguckt.

Nur hinten auf der Koppel
steht ein einsames Pferd und grast.

Da kommt Lukas vorbei.

„Auch das noch!", denkt Jella.

„Der redet immer wie ein Wasserfall."

„Der dahinten ist neu",

sagt er und deutet auf das Pferd.

Dabei hat Jella gar nicht gefragt.

„Aber den kannst du vergessen",
meint Lukas. „Der lässt sich
nicht streicheln, nicht reiten,
nicht mal füttern."
Er rennt über die Koppel,
zieht einen Apfel aus der Tasche
und fuchtelt dem Pferd damit
vor der Nase herum.

Das Pferd dreht ihm den Po zu.

„Siehst du?", sagt Lukas. „Voll **bockig**."

Jella verdreht die Augen.

Sie sieht nur, dass er das Pferd nervt.

Genau wie er sie nervt.

Am liebsten würde sie ihm

auch das Hinterteil zudrehen.

Doch Lukas plappert schon weiter.
Er erzählt, dass das Pferd Rocki heißt
und keiner weiß, woher es kommt.
Eines Morgens stand es einfach
mit einem Schild um den Hals
auf der Koppel.

„Aber ich nenne es Bocki!",
sagt Lukas und lacht sich
über seinen eigenen Witz schlapp.
Dann zieht er endlich ab.
Langsam wird Jella neugierig.
Das klingt geheimnisvoll!
Sie guckt zu Rocki hinüber.

Rocki guckt zurück.

Langsam wird er auch neugierig.

Das Mädchen gefällt ihm.

Sie rast nicht wild rum oder ist laut,

sondern sie ist einfach nur da.

Einfach da sein findet er gut.

Entspannt **grast** er weiter.

Jella knurrt der Magen.

Beim Grasen zugucken macht hungrig.

Auf der Koppel steht ein Apfelbaum.

Jella klettert hoch hinauf und pflückt

den dicken Apfel ganz oben. *Haps!*

Genüsslich schließt sie die Augen

und – *zack!* – rutscht sie ab.

Ein Retter auf vier Hufen

In letzter Sekunde

bekommt Jella einen Ast zu fassen.

Nun baumelt sie in der Luft.

Sie späht nach unten. Oh-oh!

Unten ist ganz schön weit unten.

Ihr Herz rast im Galopp.

„Hilfe!", japst sie.

Rocki versteht sofort, was los ist:

Dieses Mädchen schwingt sich

nicht einfach so auf seinen Rücken.

Nein, es macht ihm ein Angebot,

damit er entscheiden kann.

Da kann er doch nicht Nein sagen!

Er trottet zu ihr.

Mit letzter Kraft klammert sich Jella

an den Ast. Was nun?

Da blitzt goldbraunes Fell auf.

Das ist ja Rocki!

Er steht direkt unter ihr

und schnaubt sie auffordernd an.

Soll sie etwa aufsitzen?

Doch sie kommt nicht mit dem Po

auf seinen Rücken.

Dazu ist Rocki zu klein.

Oder der Baum zu hoch.

Aber Hinknien geht.

Sie lässt sich nach vorne kippen

und hält sich an seiner Mähne fest.

„Jetzt schön stillhalten", denkt Jella.

„Jetzt geht's los", denkt Rocki –

und geht los.

Sein Gang ist unglaublich weich.

Nichts ruckelt, nichts schuckelt.

Jella wundert sich.

So was hat sie noch nie erlebt.

Am Zaun hält Rocki an

und Jella steigt auf das oberste Brett.

„Danke, Rocki", sagt sie

und will ihn schon streicheln.

Aber halt! Das mag er ja nicht.

Da schmiegt er plötzlich seine Nase

ganz sacht in ihre Hand.

Jella legt ihre Stirn an seine.

Schade, dass ihre beste Freundin Nele

das nicht sehen kann!

Rocki ist total lieb.

Das spürt sie genau.

Der ist gar nicht bockig.

Und dann kommt ihr eine Idee.

Es ist, als wäre der Gedanke

von seinem Kopf in ihren gewandert.

Vielleicht vermisst er jemanden.

Genau wie sie!

Plötzlich weiß Jella, was zu tun ist:

Sie muss rausfinden, wo er herkommt!

Am liebsten würde Jella mit Rocki
losziehen und herumfragen.
Aber darf sie das denn?
„Hast du Lust auf einen Ausflug?",
fragt sie Rocki.
Ihr Blick geht zum **Gatter**.
Rockis Blick auch.

Lukas hat es nicht ganz zugemacht.

Rocki schnaubt und trabt los.

Jella grinst. Damit ist alles klar:

Sie kann ihn ja schlecht

alleine losziehen lassen, oder?

Sie schnappt sich einen Führstrick

und folgt ihm.

Ausflug mit einem Frechdachs

Jella und Rocki laufen durch Felder,

überqueren eine Brücke

und kommen dann in den Ort.

Sie begegnen mehreren Leuten.

„Entschuldigung", sagt Jella jedes Mal,

„kennen Sie dieses Pferd?"

Aber alle schütteln den Kopf.

Frau Hansen schüttelt den Kopf
noch aus einem anderen Grund:
Rocki futtert die schönsten Blumen
aus ihrem Vorgarten auf!
„Aufhören! Sofort aufhören!",
zetert sie.

Da neigt Rocki den Kopf
und macht eine Art Knicks,
immer und immer wieder,
bis Frau Hansen lachen muss.
Jella staunt. Was Rocki alles kann!
Das ist toll – und sehr seltsam.
Dann zieht sie ihn hastig weiter,
weil er schon wieder gierig guckt.

Der Marktplatz kommt in Sicht.

Dort ist jede Menge los.

Sogar eine Straßenmusikerin singt.

Rocki gefällt der Brunnen.

Immer wieder hält er seinen Kopf

in den Wasserstrahl und prustet lustig.

Jella bindet Rocki am Brunnen an.

So kann er weiterspielen.

Dann geht sie los und fragt herum:

beim Bäcker, im Eiscafé

und im Blumenladen.

Aber keiner weiß etwas.

Auf einmal ertönt Geschrei.

„Weg mit dir! Nase raus da!",

schimpft der Gewürzhändler.

Jella fährt herum. Oh, nein!

Rocki hat sich losgerissen!

Neugierig steckt er die Nüstern

in einen Leinensack.

„Curry", steht darauf.

„Niiiicht!", ruft Jella.

Zu spät. Mit einem Ruck

zieht Rocki seine Nase heraus,

taumelt zurück und niest. *Haprrrr!*

Er wirft den Kopf herum und

vollführt wilde Bocksprünge.

Das Zeug brennt schrecklich!

Im Zickzack rast er über den Platz,

um seine Schnauze

in den Brunnen zu tunken.

Dabei stößt er einen Stuhl und

den Hut der Straßenmusikerin um.

Münzen kullern weg,

Scheine flattern davon.

Die Leute rennen und rufen
alle durcheinander.
Zwei Frauen versuchen,
Rocki zu beruhigen.
Seine **Ohren** zucken nervös
und er schlägt mit dem Schweif.
Jella schiebt sich nach vorne.

„Ich mache das", sagt sie.

Alles um sie herum verblasst.

Es gibt nur noch Rocki und sie.

Behutsam geht sie auf ihn zu

und stellt sich neben ihn.

Sie atmet ganz ruhig

und ist einfach nur bei ihm.

Rocki hört auf zu schnauben.
„Alles gut, Rocki. Ich bin ja da",
sagt Jella mit leiser Stimme.
Da senkt er den Kopf
und lässt sich von ihr streicheln.
Lange stehen sie so da, eng beisammen,
bis Rocki ganz entspannt ist.

Jella geht zu der Straßenmusikerin.

„Haben Sie Ihr Geld wiedergefunden?",
fragt sie.

Die junge Frau schüttelt den Kopf.

„Nicht alles." Dann lächelt sie.

„Halb so wild, dann spiele ich
eben noch länger. Ich hab ja Zeit."

Sie nimmt ihre Gitarre und singt.

Und da geschieht etwas Verrücktes:

Rocki dreht sich im Kreis!

Erst links herum, dann rechts.

Er wackelt mit dem Po

und schüttelt die Mähne.

Seine Hufe klappern im Takt dazu.

Die Leute lachen und klatschen.
Immer mehr scharen sich um sie
und schauen zu.
Sie werfen viel Geld in den Hut,
der schnell randvoll ist.

Jella starrt Rocki an.

Woher kann er das alles?

Der federweiche Gang,

die Verbeugung,

der wild-witzige Tanz –

das sind richtige Kunststücke!

Sie reißt die Augen auf.

Plötzlich wird ihr alles klar:

„Rocki?", fragt sie,

„Bist du etwa ...?"

Rocki guckt sie nur an.

Das muss sie Till erzählen!

Auf einmal hat sie es sehr eilig.

Die Pferdeflüsterin

Als Jella und Rocki
auf dem Reiterhof ankommen,
laufen ihnen Mama und Till
schon entgegen.
„Jella! Rocki!", rufen sie im Chor.
„Wo wart ihr denn?"

Jella hebt entschuldigend die Hände.

„Rocki hat einen Ausflug gemacht",

erklärt sie und schaut unschuldig.

„Ich habe ihn nur begleitet.

Ich konnte ihn ja schlecht

ausreißen lassen."

Lachend geben ihr die beiden recht.

„Dafür weiß ich jetzt, wo er
herkommt!", platzt Jella heraus.
Mama und Till sehen sie an. „Und?"
„Rocki ist bestimmt ein Zirkuspony!
Er kann tolle Kunststücke. Schaut!"
Jella macht eine Verbeugung vor Rocki.

„Darf ich bitten?", fragt sie ihn

und beginnt zu singen.

Rocki tanzt los. Und wie er tanzt!

Jella macht auch mit.

Einen Moment lang

gucken Mama und Till verwirrt,

dann klatschen sie begeistert Beifall.

Auf einmal bleibt Jella stehen.
„Ich hab noch was rausgefunden:
Er ist nicht bockig. Er ist einsam."
Auch Mama wird ernst.
„Man kann doch ein Tier
nicht einfach so weggeben!",
sagt sie wütend.

Till nickt. „Das kommt leider vor.
Pferde zu halten kostet viel Geld.
Für einen kleinen Zirkus
kann das schnell zu teuer werden
und dann ... na ja."
Er macht ein trauriges Gesicht.
Mama und Jella auch.

„Aber jetzt ändert sich ja einiges
zum Guten für Rocki",
meint Till dann.
Jella erschrickt. Oh, nein!
Muss Rocki etwa zurück?

Till zwinkert ihr zu.

„Na, jetzt hat er eine neue Freundin.

Noch dazu

eine richtige **Pferdeflüsterin**."

Jella sieht ihn an. Meint er sie?

„Würdest du dich denn ein bisschen

um ihn kümmern?", fragt Till sie.

„Nicht *ein bisschen*. Ganz viel!",
ruft Jella und legt gleich
mit dem Pferdeflüstern los:
„Soll ich dich jetzt jeden Tag
besuchen?", wispert sie Rocki zu.
Rocki reibt seine Nase an ihr.
Das heißt Ja. Das versteht jeder.

„Abgemacht!"

Jella schlingt Rocki

die Arme um den Hals.

Ihr Herz schwappt fast über vor Glück.

Nele wird Augen machen,

wenn sie wieder da ist!

Da freut Jella sich schon drauf!

1. **Wie findet Jella die Ferien ohne ihre beste Freundin? Kreise das richtige Wort ein.**

BLÖDUMMIESUPERDOOFIES

Antwort: Doof

2. **Wie wird Jella von ihrer Mutter genannt? Kreise ein.**

Antwort: Böckchen

3. **Warum mag Jella Lukas nicht? Kreuze an.**

Er redet ...

☐ ... ohne Punkt und Komma.

☐ ... wie ein Wasserfall.

☐ ... nur dummes Zeug.

54

Antwort: ... wie ein Wasserfall.

4. Wie nennt Lukas das einsame Pferd und wie heißt es wirklich? Verbinde die richtigen Namen miteinander.

Socki   Rocki

Bocki   Flocki

Zocki   Locki

Antwort: Bocki – Rocki!

5. Was pflückt Jella vom Baum auf der Koppel? Kreise ein.

Antwort: Äpfel

6. Was machen Jella und Rocki? Bringe die Buchstaben in die richtige Reihenfolge.

LAFUGUS

Antwort: Ausflug

7. **Was kann Rocki? Trage die fehlenden Buchstaben ein.**

KUNS___TÜCKE

Antwort: Kunststücke

8. **Woher kommt Rocki? Kreuze an.**

☐ Zahnarzt

☐ Zoo

☐ Zirkus

Antwort: Zirkus

9. **Wie nennt Till Jella? Bringe die Silben in die richtige Reihenfolge.**

FLÜS PFER TE RIN DE

Antwort: Pferdeflüsterin

T	I	K	E	N	J	E	L
O	W	U	J	E	R	L	U
S	S	D	E	W	O	P	I
T	I	L	L	H	C	G	M
I	O	Z	L	U	K	A	S
K	A	W	A	S	I	N	A
L	L	N	L	C	K	G	N
P	E	T	R	V	I	S	N

Antwort: Jella, Rocki, Lukas, Till

bockig (Seite 13):

Wenn man eigenwillig oder dickköpfig ist, nennt man das auch „bockig". Das Wort kommt von der männlichen Ziege, dem Ziegenbock, der als launisch gilt – bockig eben.

grast (Seite 16):

Pferde sind reine Pflanzenfresser. Und sie sind Dauerfresser. In der Natur grasen sie fast den ganzen Tag. Außer Gras und Heu mögen sie auch Obst, Gemüse und andere Pflanzen.

Gatter (Seite 26):

Gatter nennt man das Tor im Koppelzaun. Es sollte niemals offen stehen, damit die Pferde nicht ausreißen können. Deshalb gibt es auch Gatter, die von alleine zugehen. So kann niemand vergessen, das Gatter zu schließen.

Ohren (Seite 36):

Pferde können sehr gut hören. Mit ihren
Ohren zeigen sie uns auch ihre Stimmung:
Wenn das Pferd die Ohren nach hinten anlegt, hat es
Angst oder schlechte Laune. Richtet es die Ohren nach
vorne, ist es neugierig.

Pferdeflüsterin (Seite 51):

Eine Pferdeflüsterin kann Pferde
besonders gut verstehen. Natürlich
sprechen Pferde nicht mit Worten –
aber durch ihr Verhalten und ihre
Körpersprache. Wenn man sie richtig
lesen kann, ist das wirklich fast wie eine
Unterhaltung!

Blättere schnell um und trage die roten Buchstaben
in der richtigen Reihenfolge in die Kästchen ein!

Eva Hierteis, geboren 1972, träumte schon als Kind davon, Bücher zu schreiben, kam jedoch nie über die dritte Seite hinaus.

Das hat sich inzwischen geändert. Nach einem Literaturstudium und einigen Jahren in einem Kinderbuchverlag hat sie sich endlich ihren Traum erfüllt und widmet sich ganz dem Schreiben. Sie lebt mit ihrer Familie in Nürnberg.

Seit ihrem Abschluss in Kommunikationsdesign an der Fachhochschule Aachen lebt **Caroline Opheys** in Düsseldorf. Hier arbeitete sie in verschiedenen Werbeagenturen, bis sie ihren Weg in die Illustration fand. Mit guter Musik oder einem Podcast auf den Ohren zeichnet Caroline am liebsten digital. Dabei ist es ihr besonders wichtig, das kleine bisschen Unvollkommenheit zu bewahren, um so ihren Arbeiten einen besonderen Charme zu geben. Für neue Ideen geht sie am liebsten raus in die Natur oder in ein Café und lässt sich dort vom Leben inspirieren.

Das Leselöwen-Lösungswort

Besuche den Leselöwen auf
www.leseloewen.de und trage
die farbigen Buchstaben
von der Seite *Schon gewusst?*
in der richtigen Reihenfolge
in die magische Box ein.

Wenn du das Lösungswort
gefunden hast, kommst du
auf die geheime Seite mit vielen
weiteren Spielen und Rätseln!

Der **Leselöwe** freut sich auf dich!

Jetzt online!